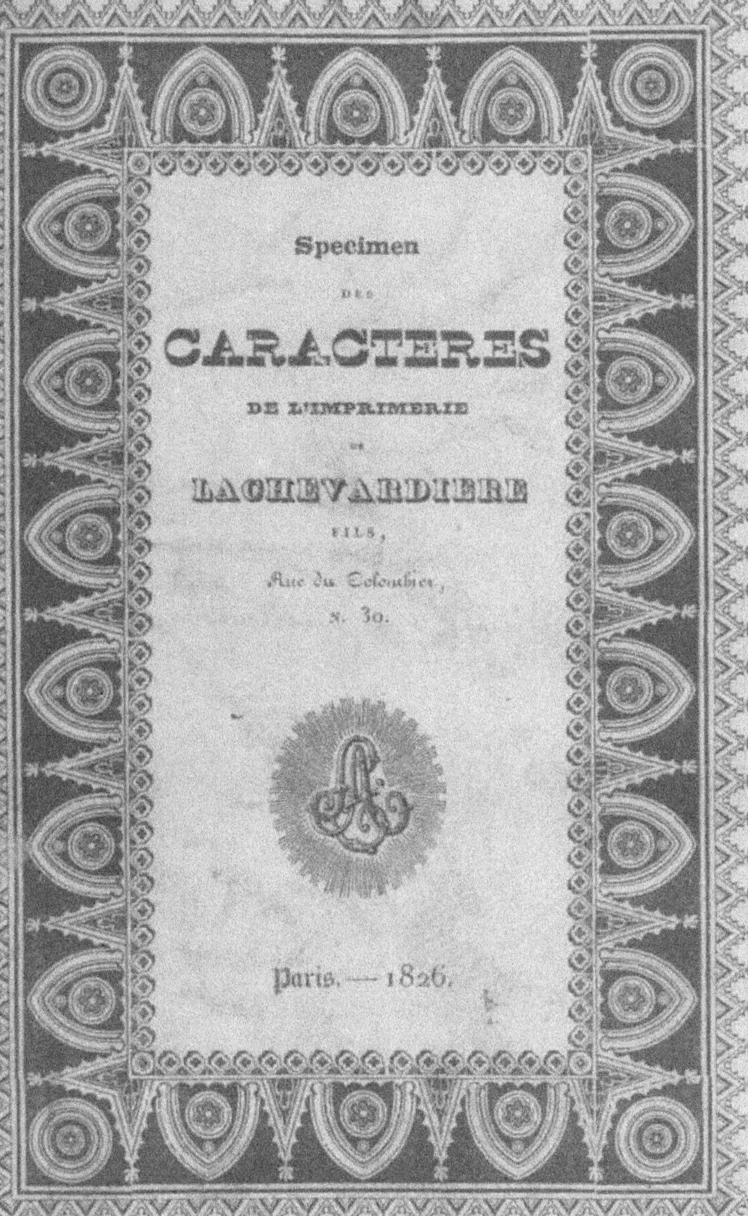

Specimen

DES

# CARACTERES

DE L'IMPRIMERIE

DE

LACHEVARDIERE

FILS,

Rue du Colombier,

N. 30.

Paris. — 1826.

SPECIMEN.

# SPECIMEN

DES

# CARACTÈRES

DE L'IMPRIMERIE

DE

## LACHEVARDIERE FILS,

RUE DU COLOMBIER, N° 30,

A PARIS.

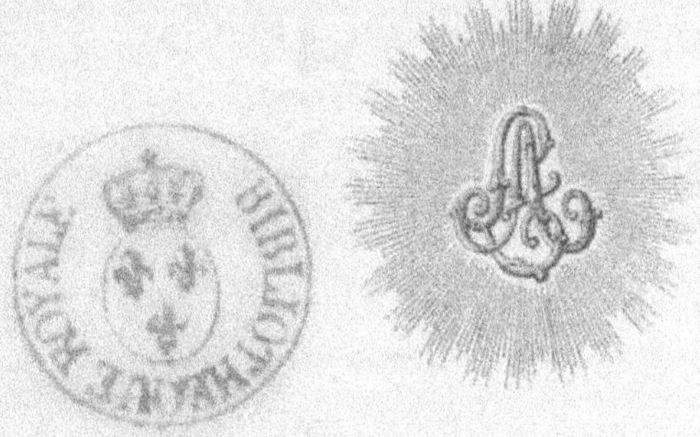


IMPRIMÉ PAR LACHEVARDIERE FILS.

1826.

# SPECIMEN.

QUATORZE. — Firmin Didot.

Ainsi, mon cher Gil Blas, continua le prélat, j'exige une chose de ton zèle : quand tu t'apercevras que ma plume sentira la vieillesse, lorsque tu me verras baisser, ne manque pas de m'en avertir. Je ne me fie point à moi là-dessus : mon amour-propre pourrait me séduire. Cette remarque demande un esprit désintéressé ; je fais choix du tien, que je connais bon : je m'en rapporterai à ton jugement. Grâces au ciel, lui dis-je, monseigneur, vous êtes encore fort éloigné de ce temps-là.

SAINT-AUGUSTIN. — Henri Didot.

Ainsi, mon cher Gil Blas, continua le prélat, j'exige une chose de ton zèle : quand tu t'apercevras que ma plume sentira la vieillesse, lorsque tu me verras baisser, ne manque pas de m'en avertir. Je ne me fie point à moi là-dessus : mon amour-propre pourrait me séduire. Cette remarque demande un esprit désintéressé; je fais choix du tien, que je connais bon.

---

DOUZE. — Firmin Didot.

Ainsi, mon cher Gil Blas, continua le prélat, j'exige une chose de ton zèle : quand tu t'apercevras que ma plume sentira la vieillesse, lorsque tu me verras baisser, ne manque pas de m'en avertir. Je ne me fie point à moi là-dessus : mon amour-propre pourrait me séduire. Cette remarque demande un esprit désintéressé; je fais choix du tien, que je connais bon.

ONZE. — FIRMIN DIDOT.

Ainsi, mon cher Gil Blas, continua le prélat, j'exige une chose de ton zèle : quand tu t'apercevras que ma plume sentira la vieillesse, lorsque tu me verras baisser, ne manque pas de m'en avertir. Je ne me fie point à moi là-dessus : mon amour-propre pourrait me séduire. Cette remarque demande un esprit désintéressé ; je fais choix du tien, que je connais bon : je m'en rapporterai à ton jugement. Grâces au ciel, lui dis-je, monseigneur, vous êtes encore fort éloigné de ce temps-là.

ONZE. — ANGLAIS.

Ainsi, mon cher Gil Blas, continua le prélat, j'exige une chose de ton zèle : quand tu t'apercevras que ma plume sentira la vieillesse, lorsque tu me verras baisser, ne manque pas de m'en avertir. Je ne me fie point à moi là-dessus : mon amour-propre pourrait me séduire. Cette remarque demande un esprit désintéressé ; je fais choix du tien, que je connais bon : je m'en rapporterai à ton jugement. Grâces au ciel, lui dis-je, monseigneur, vous êtes encore fort éloigné de ce temps-là.

CICÉRO. — Henri Didot, n° 1.

Ainsi, mon cher Gil Blas, continua le prélat, j'exige une chose de ton zèle : quand tu t'apercevras que ma plume sentira la vieillesse, lorsque tu me verras baisser, ne manque pas de m'en avertir. Je ne me fie point à moi là-dessus : mon amour-propre pourrait me séduire. Cette remarque demande un esprit désintéressé; je fais choix du tien, que je connais bon : je m'en rapporterai à ton jugement. Grâces au ciel, lui dis-je, monseigneur, vous êtes encore fort éloigné de ce temps-là.

---

CICÉRO. — Henri Didot, n° 2.

Ainsi, mon cher Gil Blas, continua le prélat, j'exige une chose de ton zèle : quand tu t'apercevras que ma plume sentira la vieillesse, lorsque tu me verras baisser, ne manque pas de m'en avertir. Je ne me fie pas à moi là-dessus : mon amour-propre pourrait me séduire. Cette remarque demande un esprit désintéressé ; je fais choix du tien, que je connais bon : je m'en rapporterai à ton jugement. Grâces au ciel, lui dis-je, monseigneur, vous êtes encore fort éloigné de ce temps-là.

CICÉRO. — MOLÉ, n° 1.

Ainsi, mon cher Gil Blas, continua le prélat, j'exige une chose de ton zèle : quand tu t'apercevras que ma plume sentira la vieillesse, lorsque tu me verras baisser, ne manque pas de m'en avertir. Je ne me fie point à moi là-dessus : mon amour-propre pourrait me séduire. Cette remarque demande un esprit désintéressé ; je fais choix du tien, que je connais bon : je m'en rapporte à ton jugement. Grâces au ciel, lui dis-je, monseigneur, vous êtes encore fort éloigné de ce temps-là.

---

CICÉRO. — MOLÉ, n° 2.

Ainsi, mon cher Gil Blas, continua le prélat, j'exige une chose de ton zèle : quand tu t'apercevras que ma plume sentira la vieillesse, lorsque tu me verras baisser, ne manque pas de m'en avertir. Je ne me fie point à moi là-dessus : mon amour-propre pourrait me séduire. Cette remarque demande un esprit désintéressé ; je fais choix du tien, que je connais bon : je m'en rapporte à ton jugement. Grâces au ciel, lui dis-je, monseigneur, vous êtes encore fort éloigné de ce temps-là.

## CICÉRO. — Barbot.

Ainsi, mon cher Gil Blas, continua le prélat, j'exige une chose de ton zèle : quand tu t'apercevras que ma plume sentira la vieillesse, lorsque tu me verras baisser, ne manque pas de m'en avertir. Je ne me fie point à moi là-dessus : mon amour-propre pourrait me séduire. Cette remarque demande un esprit désintéressé ; je fais choix du tien, que je connais bon : je m'en rapporterai à ton jugement. Grâces au ciel, lui dis-je, monseigneur, vous êtes encore fort éloigné de ce temps-là.

---

## DIX. — Firmin Didot.

Ainsi, mon cher Gil Blas, continua le prélat, j'exige une chose de ton zèle : quand tu t'apercevras que ma plume sentira la vieillesse, lorsque tu me verras baisser, ne manque pas de m'en avertir. Je ne me fie point à moi là-dessus : mon amour-propre pourrait me séduire. Cette remarque demande un esprit désintéressé ; je fais choix du tien, que je connais bon : je m'en rapporterai à ton jugement. Grâces au ciel, lui dis-je, monseigneur, vous êtes encore fort éloigné de ce temps-là. De plus, un esprit de la trempe de celui de votre grandeur se conservera beaucoup mieux qu'un autre.

PHILOSOPHIE. — HENRI DIDOT.

Ainsi, mon cher Gil Blas, continua le prélat, j'exige une chose de ton zèle : quand tu t'apercevras que ma plume sentira la vieillesse, lorsque tu me verras baisser, ne manque pas de m'en avertir. Je ne me fie point à moi là-dessus : mon amour-propre pourrait me séduire. Cette remarque demande un esprit désintéressé; je fais choix du tien, que je connais bon : je m'en rapporterai à ton jugement. Grâces au ciel, lui dis-je, monseigneur, vous êtes encore fort éloigné de ce temps-là. De plus, un esprit de la trempe de celui de votre grandeur se conservera beaucoup mieux qu'un autre.

---

PETIT-ROMAIN. — HENRI DIDOT, n° 1.

Ainsi, mon cher Gil Blas, continua le prélat, j'exige une chose de ton zèle : quand tu t'apercevras que ma plume sentira la vieillesse, lorsque tu me verras baisser, ne manque pas de m'en avertir. Je ne me fie point à moi là-dessus : mon amour-propre pourrait me séduire. Cette remarque demande un esprit désintéressé ; je fais choix du tien, que je connais bon : je m'en rapporterai à ton jugement. Grâces au ciel, lui dis-je, monseigneur, vous êtes encore fort éloigné de ce temps-là. De plus, un esprit de la trempe de celui de votre grandeur se conservera beaucoup mieux qu'un autre, ou, pour parler plus juste, vous serez toujours le même.

PETIT-ROMAIN. — Henri Didot, n° 2.

Ainsi, mon cher Gil Blas, continua le prélat, j'exige une chose de ton zèle : quand tu t'apercevras que ma plume sentira la vieillesse, lorsque tu me verras baisser, ne manque pas de m'en avertir. Je ne me fie point à moi là-dessus : mon amour-propre pourrait me séduire. Cette remarque demande un esprit désintéressé ; je fais choix du tien, que je connais bon : je m'en rapporterai à ton jugement. Grâces au ciel, lui dis-je, monseigneur, vous êtes encore fort éloigné de ce temps-là. De plus, un esprit de la trempe de celui de votre grandeur se conservera beaucoup mieux qu'un autre, ou, pour parler plus juste, vous serez toujours le même.

---

NEUF. — Firmin Didot.

Ainsi, mon cher Gil Blas, continua le prélat, j'exige une chose de ton zèle : quand tu t'apercevras que ma plume sentira la vieillesse, lorsque tu me verras baisser, ne manque pas de m'en avertir. Je ne me fie point à moi là-dessus : mon amour-propre pourrait me séduire. Cette remarque demande un esprit désintéressé ; je fais choix du tien, que je connais bon : je m'en rapporterai à ton jugement. Grâces au ciel, lui dis-je, monseigneur, vous êtes encore fort éloigné de ce temps-là. De plus, un esprit de la trempe de celui de votre grandeur se conservera beaucoup mieux qu'un autre, ou, pour parler plus juste, vous serez toujours le même.

## GAILLARDE. — Barbot.

Ainsi, mon cher Gil Blas, continua le prélat, j'exige une chose de ton zèle : quand tu t'apercevras que ma plume sentira la vieillesse, lorsque tu me verras baisser, ne manque pas de m'en avertir. Je ne me fie point à moi là-dessus : mon amour-propre pourrait me séduire. Cette remarque demande un esprit désintéressé; je fais choix du tien, que je connais bon : je m'en rapporterai à ton jugement. Grâces au ciel, lui dis-je, monseigneur, vous êtes encore fort éloigné de ce temps-là. De plus, un esprit de la trempe de celui de votre grandeur se conservera beaucoup mieux qu'un autre, ou, pour parler plus juste, vous serez toujours le même. Je vous regarde comme un autre cardinal Ximenès, dont le génie supérieur, au lieu de s'affaiblir par les années, semblait en recevoir de nouvelles forces.

---

## GAILLARDE. — Henri Didot.

Ainsi, mon cher Gil Blas, continua le prélat, j'exige une chose de ton zèle : quand tu t'apercevras que ma plume sentira la vieillesse, lorsque tu me verras baisser, ne manque pas de m'en avertir. Je ne me fie point à moi là-dessus : mon amour-propre pourrait me séduire. Cette remarque demande un esprit désintéressé ; je fais choix du tien, que je connais bon : je m'en rapporterai à ton jugement. Grâces au ciel, lui dis-je, monseigneur, vous êtes encore fort éloigné de ce temps-là. De plus, un esprit de la trempe de celui de votre grandeur se conservera beaucoup mieux qu'un autre, ou, pour parler plus juste, vous serez toujours le même. Je vous regarde comme un autre cardinal Ximenès, dont le génie supérieur, au lieu de s'affaiblir par les années, semblait en recevoir de nouvelles forces.

HUIT. — FIRMIN DIDOT.

Ainsi, mon cher Gil Blas, continua le prélat, j'exige une chose de ton zèle : quand tu t'apercevras que ma plume sentira la vieillesse, lorsque tu me verras baisser, ne manque pas de m'en avertir. Je ne me fie point à moi là-dessus : mon amour-propre pourrait me séduire. Cette remarque demande un esprit désintéressé ; je fais choix du tien, que je connais bon : je m'en rapporterai à ton jugement. Grâces au ciel, lui dis-je, monseigneur, vous êtes encore fort éloigné de ce temps-là. De plus, un esprit de la trempe de celui de votre grandeur se conservera beaucoup mieux qu'un autre, ou, pour parler plus juste, vous serez toujours le même. Je vous regarde comme un autre cardinal Ximenes, dont le génie supérieur, au lieu de s'affaiblir par les années, semblait en recevoir de nouvelles forces. Point de flatterie, interrompit-il, mon ami ; je sais que je puis tomber tout d'un coup.

SEPT ET DEMI. — FIRMIN DIDOT.

Ainsi, mon cher Gil Blas, continua le prélat, j'exige une chose de ton zèle : quand tu t'apercevras que ma plume sentira la vieillesse, lorsque tu me verras baisser, ne manque pas de m'en avertir. Je ne me fie point à moi là-dessus : mon amour-propre pourrait me séduire. Cette remarque demande un esprit désintéressé ; je fais choix du tien, que je connais bon ; je m'en rapporterai à ton jugement. Grâces au ciel, lui dis-je, monseigneur, vous êtes encore fort éloigné de ce temps-là. De plus, un esprit de la trempe de celui de votre grandeur se conservera beaucoup mieux qu'un autre, ou, pour parler plus juste, vous serez toujours le même. Je vous regarde comme un autre cardinal Ximenés, dont le génie supérieur, au lieu de s'affaiblir par les années, semblait en recevoir de nouvelles forces. Point de flatterie, interrompit-il, mon ami ; je sais que je puis tomber tout d'un coup : à mon âge on commence à sentir les infirmités.

PETIT-TEXTE. — HENRI DIDOT.

Ainsi, mon cher Gil Blas, continua le prélat, j'exige une chose de ton zèle : quand tu t'apercevras que ma plume sentira la vieillesse, lorsque tu me verras baisser, ne manque pas de m'en avertir. Je ne me fie point à moi là-dessus : mon amour-propre pourrait me séduire. Cette remarque demande un esprit désintéressé ; je fais choix du tien, que je connais bon : je m'en rapporterai à ton jugement. Grâces au ciel, lui dis-je, monseigneur, vous êtes encore fort éloigné de ce temps-là. De plus, un esprit de la trempe de celui de votre grandeur se conservera beaucoup mieux qu'un autre, ou, pour parler plus juste, vous serez toujours le même. Je vous regarde comme un autre cardinal Ximenès, dont le génie supérieur, au lieu de s'affaiblir par les années, semblait en recevoir de nouvelles forces. Point de flatterie, interrompit-il, mon ami ; je sais que je puis tomber tout d'un coup : à mon âge on commence à sentir les infirmités.

SEPT. — FIRMIN DIDOT.

Ainsi, mon cher Gil Blas, continua le prélat, j'exige une chose de ton zèle : quand tu t'apercevras que ma plume sentira la vieillesse, lorsque tu me verras baisser, ne manque pas de m'en avertir. Je ne me fie point à moi là-dessus : mon amour-propre pourrait me séduire. Cette remarque demande un esprit désintéressé; je fais choix du tien, que je connais bon : je m'en rapporterai à ton jugement. Grâces au ciel, lui dis-je, monseigneur, vous êtes encore fort éloigné de ce temps-là. De plus, un esprit de la trempe de celui de votre grandeur se conservera beaucoup mieux qu'un autre, ou, pour parler plus juste, vous serez toujours le même. Je vous regarde comme un autre cardinal Ximenès, dont le génie supérieur, au lieu de s'affaiblir par les années, semblait en recevoir de nouvelles forces. Point de flatterie, interrompit-il, mon ami; je sais que je puis tomber tout d'un coup : à mon âge on commence à sentir les infirmités, et les infirmités du corps altèrent l'esprit.

### NOMPAREILLE. — Henri Didot

Ainsi, mon cher Gil Blas, continua le prélat, j'exige une chose de ton zèle : quand tu t'apercevras que ma plume sentira la vieillesse, lorsque tu me verras baisser, ne manque pas de m'en avertir. Je ne me fie point à moi là-dessus : mon amour-propre pourroit me séduire. Cette remarque demande un esprit désintéressé : je fais choix du tien, que je connois bon : je m'en rapporterai à ton jugement. Grâces au ciel, lui dis-je, monseigneur, vous êtes encore fort éloigné de ce temps-là. De plus, un esprit de la trempe de celui de votre grandeur se conservera beaucoup mieux qu'un autre, ou, pour parler plus juste, vous serez toujours le même. Je vous regarde comme un autre cardinal Ximenès, dont le génie supérieur, au lieu de s'affoiblir par les années, sembloit en recevoir de nouvelles forces. Point de flatterie, interrompit-il, mon ami ; je sais que je puis tomber tout d'un coup : à mon âge on commence à sentir les infirmités, et les infirmités du corps altèrent l'esprit.

### CINQ. — Firmin Didot

Ainsi, mon cher Gil Blas, continua le prélat, j'exige une chose de ton zèle : quand tu t'apercevras que ma plume sentira la vieillesse, lorsque tu me verras baisser, ne manque pas de m'en avertir. Je ne me fie point à moi là-dessus : mon amour-propre pourrait me séduire. Cette remarque demande un esprit désintéressé ; je fais choix du tien, que je connais bon : je m'en rapporterai à ton jugement. Grâces au ciel, lui dis-je, monseigneur, vous êtes encore fort éloigné de ce temps-là. De plus, un esprit de la trempe de celui de votre grandeur se conservera beaucoup mieux qu'un autre, ou, pour parler plus juste, vous serez toujours le même. Je vous regarde comme un autre cardinal Ximenès, dont le génie supérieur, au lieu de s'affaiblir par les années, semblait en recevoir de nouvelles forces. Point de flatterie, interrompit-il, mon ami ; je sais que je puis tomber tout d'un coup : à mon âge on commence à sentir les infirmités, et les infirmités du corps altèrent l'esprit.

### DIAMANT. — *ANGLAISE*

Ainsi, mon cher Gil Blas, continua le prélat, j'exige une chose de ton zèle : quand tu t'apercevras que ma plume sentira la vieillesse, lorsque tu me verras baisser, ne manque pas de m'en avertir. Je ne me fie point à moi là-dessus : mon amour-propre pourrait me séduire. Cette remarque demande un esprit désintéressé ; je fais choix du tien, que je connais bon : je m'en rapporterai à ton jugement. Grâces au ciel, lui dis-je, monseigneur, vous êtes encore fort éloigné de ce temps-là. De plus, un esprit de la trempe de celui de votre grandeur se conservera beaucoup mieux qu'un autre, ou, pour parler plus juste, vous serez toujours le même. Je vous regarde comme un autre cardinal Ximenès, dont le génie supérieur, au lieu de s'affaiblir par les années, semblait en recevoir de nouvelles forces. Point de flatterie, interrompit-il, mon ami ; je sais que je puis tomber tout d'un coup : à mon âge on commence à sentir les infirmités, et les infirmités du corps altèrent l'esprit.

*Ainsi, mon cher Gil Blas, continua le prélat, j'exige une chose de ton zèle : quand tu t'apercevras que ma plume sentira la vieillesse, lorsque tu me verras baisser, ne manque pas de m'en avertir. Je ne me fie point à moi là-dessus ; mon amour-propre pourrait me séduire. Cette remarque demande un esprit désintéressé ; je fais choix du tien, que je connais bon : je m'en rapporterai à ton jugement. Grâces au ciel, lui dis-je, monseigneur, vous êtes encore fort éloigné de ce temps-là, &c. 1838.*

## GREC DE CICERO.

Ἂν δ' οὕτω ποιήσετε, καὶ τοῦτο ἐθελήσητε, ὡς ἀληθῶς ἄγειν εἰρήνην δικαίαν καὶ μένειν ἐπὶ τῆς αὐτοῦ Φίλιππον ἀναγκάσετε, ἢ πολεμήσετε ἐξίσου. Καὶ ἴσως ἂν ἴσως, ὦ ἄνδρες Ἀθηναῖοι, ὥσπερ ὑμεῖς νῦν πυνθάνεσθε, Τί ποιεῖ Φίλιππος, καὶ, Ποῖ πορεύεται· οὕτως ἐκεῖνος φροντίσει ποῖ ποτε ἡ τῆς πόλεως ἀπῆρκε δύναμις, καὶ ποῦ φανήσεται.

## GREC DE PETIT-ROMAIN.

Ἂν δ' οὕτω ποιήσετε, καὶ τοῦτο ἐθελήσητε, ὡς ἀληθῶς ἄγειν εἰρήνην δικαίαν καὶ μένειν ἐπὶ τῆς αὐτοῦ Φίλιππον, ἀναγκάσετε, ἢ πολεμήσετε ἐξίσου. Καὶ ἴσως ἂν ἴσως, ὦ ἄνδρες Ἀθηναῖοι, ὥσπερ ὑμεῖς νῦν πυνθάνεσθε, Τί ποιεῖ Φίλιππος, καὶ, Ποῖ πορεύεται· οὕτως ἐκεῖνος φροντίσει ποῖ ποτε ἡ τῆς πόλεως ἀπῆρκε δύναμις, καὶ τοῦ φανήσεται.

## GREC DE PETIT-TEXTE.

Ἂν δ' οὕτω ποιήσετε, καὶ τοῦτο ἐθελήσητε, ὡς ἀληθῶς ἄγειν εἰρήνην δικαίαν καὶ μένειν ἐπὶ τῆς αὐτοῦ Φίλιππον ἀναγκάσετε, ἢ πολεμήσετε ἐξίσου. Καὶ ἴσως ἂν ἴσως, ὦ ἄνδρες Ἀθηναῖοι, ὥσπερ ὑμεῖς νῦν πυνθάνεσθε, Τί ποιεῖ Φίλιππος, καὶ, Ποῖ πορεύεται· οὕτως ἐκεῖνος φροντίσει ποῖ ποτε ἡ τῆς πόλεως ἀπῆρκε δύναμις, καὶ τοῦ φανήσεται.

## HÉBREU DE PETIT-TEXTE.

אשרי האיש אשר לא הלך בעצת רשעים · ובדרך חטאים
לא עמד · ובמושב לצים לא ישב : כי אם בתורת יהוה חפצו

SUR 16.

*Ainsi, mon cher Gil Blas, continua le prélat, j'exige une chose de ton zèle.*

SUR 20.

*Ainsi, mon cher Gil Blas, continua le prélat, j'exige une chose de*

SUR 28.

*Monuments de l'antiquité.*

SUR 36.

*Peinture moderne.*

SUR 56.

*Imprimerie.*

## RONDES.

SUR 10.

Ainsi, mon cher Gil Blas, continua le prélat, j'exige une chose de ton zèle : quand tu t'apercevras que ma plume sentira.

SUR 13.

Ainsi, mon cher Gil Blas, continua le prélat,

SUR 18.

Ainsi, mon cher Gil Blas, continua le

SUR 26.

Mandons et ordonnons au sieur

SUR 32.

Marseille et Toulon.

SUR 52.

Beaumanoir.

GOTHIQUES. — Firmin Didot.

SUR 16.

Ainsi, mon cher Gil Blas, continua le prélat, j'exige

SUR 20.

Ainsi, mon cher Gil Blas, continua le

SUR 36.

Paris et Valenciennes.

SUR 56.

Montélimart.

SUR 84.

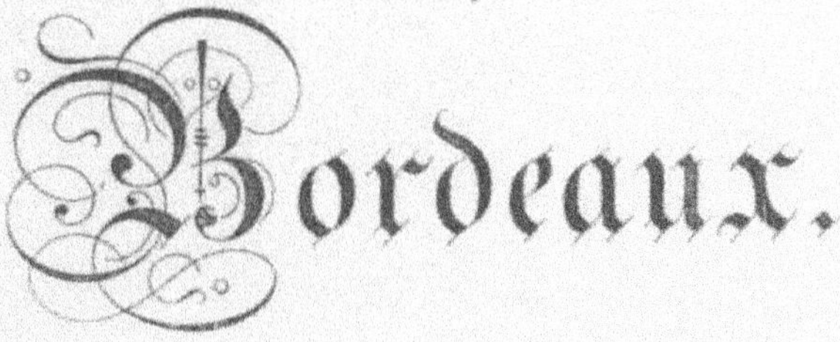

GOTHIQUES ALLEMANDES.

SUR 12.

Ainsi, mon cher Gil Blas, continua le prélat, j'exige une chose de ton zèle : quand tu t'apercevras.

SUR 24.

Otello. Sémiramis.

SUR 36.

Robin des Bois.

CARACTÈRES DE TITRES,

SUR DIFFÉRENTS CORPS.

# NOUVEAUTÉ.

# MODERNE.

## AMIENS, CAMBRAY.

## BOMBARDEMENT.

### MONTPELLIER, NARBONNE.

# AMSTERDAM.

VINCENNES.

TRITONS.

AUSTERLITZ, WAGRAM.

FAITS HISTORIQUES.

OURIKA, CHILD-HAROLD.

CONSTANTINOPLE.

PHARSALE.

DENYS L'ANCIEN.

NANCY, MARSEILLE.

FUITE DE JOSEPH EN ÉGYPTE.

ABSALON, FILS DE DAVID.

NABUCHODONOSOR, ROI DE BABYLONE.

**Commencement**

Pausanias, Lycurgue, Sully.

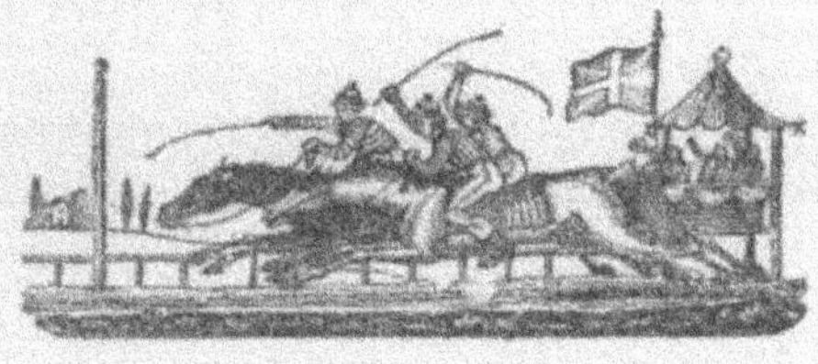

www.ingramcontent.com/pod-product-compliance
Ingram Content Group UK Ltd.
Pitfield, Milton Keynes, MK11 3LW, UK
UKHW022146170726
13837UKWH00004B/1817